MW01626294

THE SOLAR SYSTEM

EL SISTEMA SOLAR

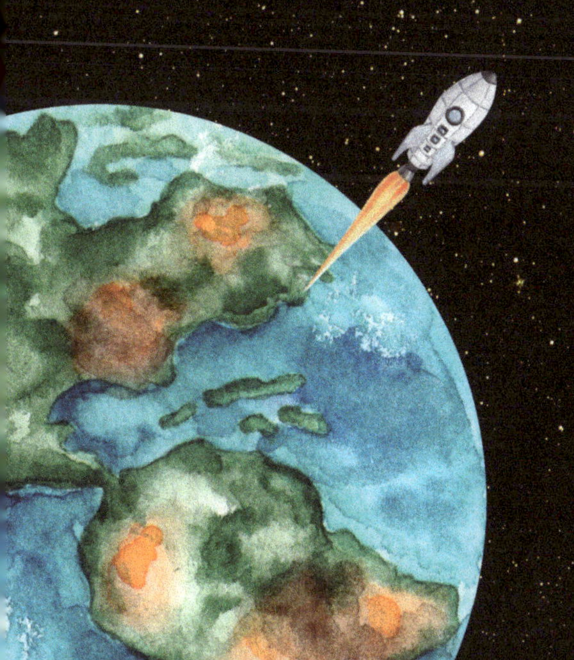

 **contacto@samueljohnbooks.com**

 **www.facebook.com/bookssamueljohn/**

www.amazon.com/author/samueljohnbooks

LET'S GET STARTED!
EMPEZAMOS!

MERCURY
MERCURIO

Mercury is the smallest planet in our solar system. It is also the closest planet to the Sun.

Mercurio es el planeta más pequeño de nuestro sistema solar. También es el planeta más cercano al Sol.

VENUS

It is spelled the same in English and Spanish.

Se escribe igual en inglés y en español.

Venus is the second closest planet to the Sun.

Venus es el segundo planeta más cercano al Sol.

EARTH

TIERRA

Earth is the planet we live on. It is the third from the Sun. Although it is called Earth, most of its surface is water.

La Tierra es el planeta en el que vivimos. Es el tercero en distancia al Sol. Aunque se llame Tierra, la mayor parte de su superficie es agua.

MARS

MARTE

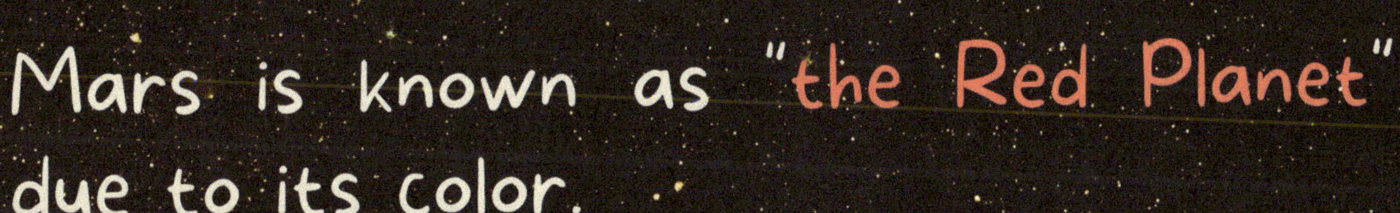

Mars is known as "the Red Planet" due to its color.

A Marte se le conoce como "el planeta rojo", debido a su color.

JUPITER

JÚPITER

Jupiter is the largest planet in our solar system.

Júpiter es el planeta más grande de nuestro sistema solar.

SATURN

SATURNO

Saturn is the second-largest planet in our solar system. It is not the only one with rings, but his are the most visible from our planet.

Saturno es el segundo planeta más grande de nuestro sistema solar. No es el único con anillos, pero los suyos son los más visibles desde nuestro planeta.

URANUS

URANO

Uranus was the first planet discovered with a telescope.

Urano fue el primer planeta descubierto con un telescopio.

NEPTUNE

NEPTUNO

Neptune is the planet in our system that is farthest from the Sun.

Neptuno es el planeta de nuestro sistema que está más alejado del Sol.

THE SUN

EL SOL

The Sun is a star. It is located in the center of our solar system.

El Sol es una estrella. Se encuentra en el centro de nuestro sistema solar.

All the planets revolve around the Sun.

Todos los planetas giran alrededor del Sol.

It takes the Earth one year to make a full revolution around the Sun. A total of 365 days.

La Tierra tarda un año en dar una vuelta completa alrededor del Sol. Un total de 365 días.

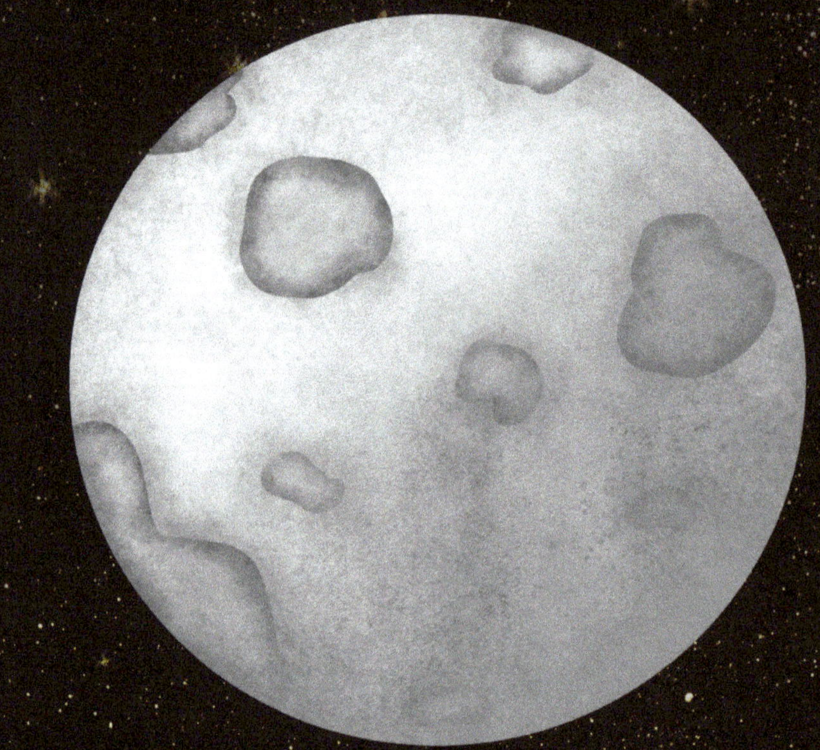

THE MOON

LA LUNA

The Moon is the satellite of the Earth. It revolves around our planet.

It has no light of its own. It shines due to the reflection of the sunlight.

La Luna es el satélite de la Tierra. Gira alrededor de nuestro planeta.

No tiene luz propia. Brilla por el reflejo de la luz del Sol.

And here it ends! I hope you liked it and learned new things.

I want to ask you a favor so that this book reaches more people, and that is that you rate it with a sincere opinion on the platform where you purchased it

With that small gesture, you will be helping me to carry on with new projects.

I can't wait to start creating my next book for you!

See you soon!

¡Hasta aquí todo! Espero que te haya gustado y que hayas aprendido cosas nuevas.

Quiero pedirte un favor para que este libro llegue a más personas, y es que lo valores con una sincera opinión en la plataforma donde lo hayas adquirido.

Con ese pequeño gesto me estarás ayudando a continuar con nuevos proyectos.

¡Estoy deseando empezar a crear mi próximo libro para ti!

¡Hasta la próxima!

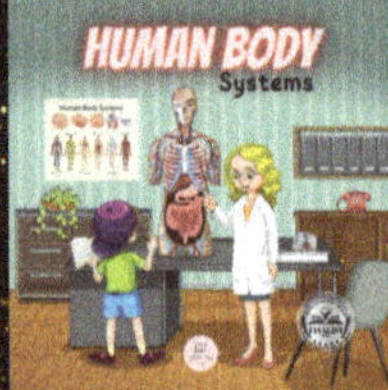

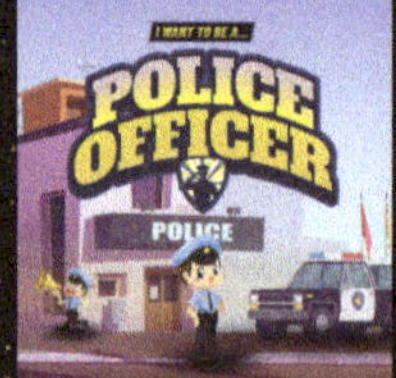

LEARN WITH OUR
EDUCATIONAL CHILDREN'S BOOKS

APRENDE CON NUESTROS
LIBROS INFANTILES EDUCATIVOS

Printed in the USA
CPSIA information can be obtained
at www.ICGtesting.com
LVHW061209110624
782919LV00003B/46